Les Titres par Janvier Chando

ICÔNES ET SCÉLÉRATS: Les Assassinats Politiques Récents qui ont Transformé les Pays...
LES HÉROS TOMBÉS: Les Dirigeants Africains dont les Assassinat sont Désorganisé...
CAMEROUN: Le Système de Marionnettes Dysfonctionnel de la France...
UKRAINE: Le Bras de Fer entre la Russie et l'Occident
LE CAMEROUN: Le Cœur Hanté de l'Afrique

Les Titres Fiction par Janvier Chouteu-Chando

L'Usurper: et Autres Histoires
Agent Triple, Double Croix
Les Disciples de Fortune
L'Union Moujik
Le Flash du Soleil
L'Appel de Fortune
Le Maître de Fortune
Les enfants de Fortune
La Fille sur le Sentier
La Légende du Feu et de la Glace
La Plus Douce Folie
Les Grand-mères
L'Incendie de la Faim
Moi avant Eux
Le Père et les Fils
Les Médecins
Les Teintes Sombres
Liens Fatidique
Le Verdict de l'Hadès
Le Procès de Sa Majesté
La Folie de Ngoko
L'Usurpateur
Le Dot
Je suis Détesté
Le Lourdaud

Les Nouveaux Titres de Janvier Chando

Le Faucon Blanc
Les Amis Mortels
Les Ours de Norilsk
La Dérive à la Maison

TERRORISME:
Une Arme politique, Un Infection Sociale, Un Cancer de l'Ame

Janvier Tchouteu

TISI BOOKS

NEW YORK, RALEIGH, LONDON, AMSTERDAM

TERRORISME:Une Arme politique,Un Infection Sociale, Un Cancer de l'Ame
Copyright © 2018 by Janvier Tchouteu

ISBN-13: 978-1-9830-9393-7
ISBN-10: 1-9830-9393-9

PUBLIÉ PAR TISI BOOKS
www.tisibooks.com

NEW YORK, RALEIGH, LONDRES, AMSTERDAM

Imprimé aux États-Unis d'Amérique

REMERCIEMENTS

Les mots spéciaux d'appréciation à mes pères Joseph N. Chando et Samuel F. Tchwenko.

DÉDICACE

Dédié à la mémoire aimante de Christopher Nkwayep-Chando.

Les Citations

"Parfois, les gens ont une croyance fondamentale très forte. Quand on leur présente une preuve qui va à l'encontre de cette croyance, la nouvelle preuve ne peut être acceptée. Cela créerait un sentiment extrêmement inconfortable, appelé dissonance cognitive. Et parce qu'il est si important de protéger la croyance fondamentale, ils vont rationaliser, ignorer et même nier tout ce qui ne correspond pas à la croyance fondamentale. "

Frantz Fanon

"Les terroristes ne sont pas seulement ceux qui croient que Dieu les a choisis pour commettre des meurtres de masse en son nom, mais peuvent aussi être des gouvernements et d'autres systèmes de foi ou de culte qui croient que c'est leur droit exclusif de priver les autres de leur vie, liberté, prospérité, paix et harmonie. Quand la majorité dans leurs communautés, états ou nations acquiesce à cette notion tordue de l'exclusivité, ces gens aussi sont infectés par le virus du terrorisme et deviennent déshumanisés dans le processus sans le savoir."

Janvier Tchouteu

"Tout le monde s'inquiète de l'arrêt du terrorisme. Eh bien, il y a vraiment un moyen facile: Arrêtez de participer."

Noam Chomsky

"Ne cherchons pas à satisfaire notre soif de liberté en buvant de la coupe de l'amertume et de la haine."
Martin Luther King Jr.

"Comment pouvez-vous mener une guerre contre le terrorisme alors que la guerre elle-même est un terrorisme?"
Howard Zinn

«Les dirigeants qui n'agissent pas de manière dialogique, mais qui insistent pour imposer leurs décisions, n'organisent pas les gens ils les manipulent. Ils ne libèrent pas, ils ne sont pas libérés: ils oppriment. "
Paulo Freire

"Le terrorisme fonctionne mieux comme une tactique pour les dictatures, ou pour les dictateurs potentiels, que pour les révolutionnaires."
Christopher Hitchens

"Chaque empire, cependant, se dit lui-même et au monde qu'il est différent de tous les autres empires, que sa mission n'est pas de piller et de contrôler, mais d'éduquer et de libérer."
Edward W. Said

"Avec des armes vous pouvez tuer des terroristes, avec l'éducation, vous pouvez tuer le terrorisme."
Malala Yousafzai

"La plupart du temps, si vous traitez bien les gens, vous n'avez pas à avoir peur d'eux."
Kathy Kelly

"Je n'ai jamais rencontré quelqu'un qui voulait être un terroriste. Ce sont des gens désespérés. "
John Perkins

"La différence entre un terroriste et un combattant de la liberté est une question de perspective: tout dépend de l'observateur et du verdict de l'histoire."
Pentti Linkola

"La marque d'un idiot autoritaire, c'est de crier UN AMOUR DU TERRORISTE! à quiconque remet en question la définition de terroriste. "
Glenn Greenwald

"La Russie de Staline était un piège dans lequel même ceux qui dirigeaient le système étaient pris. Les dirigeants ont été pris au piège par la peur de Staline et même il a été pris au piège par sa peur de leur désir de se débarrasser de lui. Tout ce qu'il devait manger ou boire devait d'abord être dégusté par un de ses collègues. Le comportement de Beria à sa mort a montré que sa peur n'était qu'une partie de la paranoïa. "
Jonathan Glover

"Le plus grand danger de la bombe d'un terroriste est dans l'explosion de stupidité qu'il provoque."
Octave Mirbeau

Contents

TERRORISME:
Une Arme politique,
Un Infection Sociale,
Un Cancer de l'Ame

INTRODUCTION

Quand j'avais dix ans et essayais de comprendre la doctrine chrétienne, une histoire en particulier dans la Bible m'intriguait beaucoup. C'était l'histoire de Samson, l'Hébreu ou Israélite dans le Livre des Juges, dont les pouvoirs divins lui a permis d'accomplir des exploits surhumains, y compris le meurtre d'un lion à mains nues et l'utilisation d'une mâchoire d'âne pour massacrer mille Philistins. Cependant, il tombe amoureux de Delilah, et ils commencent à avoir une liaison. Il lui révèle à contrecœur que ses cheveux, qui n'ont jamais été coupés depuis sa naissance, sont le secret de sa force; N'imaginant jamais qu'elle transmettra cette information utile aux Philistins pour de l'argent. Elle l'attire à dormir, et les Philistins se coupent ses cheveux, se gavent ses yeux, puis le mettent au travail dans une meule.

Les Philistins ne l'ont pas vu venir quand ils ont décidé de célébrer la capture de Samson dans leur temple vénéré de Dagon, puis l'ont amené et l'ont placé par les principaux piliers soutenant le temple bondé. Samson, dont les cheveux avaient en partie repoussé, a tiré les piliers vers là-bas, tuant les Philistins à l'intérieur. Il est mort dans son acte de vengeance suicidaire dans tous les sens du mot.

Certains experts soutiennent que c'était un acte de terrorisme parce que des femmes et des enfants innocents sont morts de son action en tant que cibles qu'il avait à l'esprit en exécutant sa vengeance. D'autres soutiennent que les civils, y compris les femmes et les enfants morts dans le temple, étaient des dommages collatéraux, car la véritable cible de Samson était les dirigeants philistins qui s'étaient rassemblés dans le temple pour le sacrifice religieux à Dagon, une divinité de fécondité très vénérée dans l'ancienne Mésopotamie Assyro - Babylonien (Irak) et le Levant (Syrie, Liban, Jordanie, Israël et Territoires palestiniens), pour son aide à la capture de Samson.

Samson était un soldat, un homme engagé dans la sécurité et le bien-être des Israélites. Cependant, héroïque si sa mort était, c'était un acte de suicide. De l'histoire de son conflit avec les Philistins, nous voyons toutes les contradictions internes dans la guerre, en particulier les conflits armés où les victimes civiles sont inévitables, ou où ils sont considérés comme des dommages collatéraux ou des actes de terreur. Par dommages collatéraux, on entend les morts, blessures ou autres dommages que les personnes impliquées dans un conflit armé infligent à des cibles ou à des biens non intentionnels, en particulier les civils non impliqués dans la guerre ou qui ne sont pas des cibles militaires légitimes. C'est d'autant plus décourageant que les guerres sont censées être menées pour libérer l'homme de la tyrannie d'un oppresseur. Mais alors, quelle est la ligne fine?

Les attaques où des morts de civils sont inévitables sont-elles considérées comme des actes de terreur?

C'est là où la ligne devient floue pour les belligérants dans un conflit armé - ceux qui tentent de maintenir le statu quo en tant qu'autorité juridiquement responsable de la sécurité du peuple, et ceux qui défient l'establishment existant (in gouvernement, un pays ou une organisation) avec des armes. Les civils sont toujours pris entre deux feux, même s'ils ne sont pas censés être pris pour une cible. Mais alors, que se passe-t-il si les civils sont ciblés, que ce soit de manière limitée ou large?

Cette question de plusieurs millions de dollars qui hante l'humanité depuis des temps immémoriaux - que ce soient les mythologies des Dieux, nos anciennes civilisations, l'âge des assassins, les temps de Rome et jusqu'à la propagation de l'Islam, à l'inquisition et aux mouvements de libération qui ont créé des états modernes, est difficile à traiter en effet. Cependant, ce n'est qu'au cours des cent dernières années que les groupes ont commencé à mener des guerres où les cibles principales sont les civils. Ce qui rend ces organisations ouvertement terroristes quelque peu intrigantes est le fait que derrière leur stratégie d'utiliser la terreur comme une arme, elles ont des revendications légitimes de persécution par les autorités qu'elles contestent. Ce sont des revendications que presque personne n'est en désaccord qu'ils devraient être redressés.

C'est la marge de manœuvre ou la gamme d'actions à la disposition de ceux qui défient le statu quo qui détermine leurs limites ou s'ils ont franchi la ligne du terrorisme ou non. Et c'est la réponse ou les actions du gouvernement, de l'état, de l'organisation ou du groupe essayant de maintenir le statu quo qui détermine également s'ils sont impliqués dans le terrorisme d'état ou pas. Comment le monde accepte ou tolère les actes de terrorisme diffère dans les yeux, les cœurs et les esprits des différents peuples, classes et religions de ce monde. Ces différences rendent d'autant plus difficile l'adoption d'une position unifiée contre le terrorisme.

Ce travail n'est pas une incursion tout compris dans la nature du terrorisme ou de son histoire. Il s'agit plutôt d'un compte rendu succinct de la complexité du terrorisme, de sa nature corruptrice, en particulier pour les groupes ayant des causes légitimes qui décident de l'adopter. J'ai mentionné des exemples, mais les cas ne sont pas très illustratifs. L'idée est de piquer l'esprit du lecteur, de l'inciter à approfondir ses réflexions, à analyser davantage et à tirer ses propres conclusions qui ne feraient que renforcer l'affaire contre le terrorisme et nous aideraient tous à mieux le comprendre.

Chapitre Un

La terreur ou le terrorisme est l'usage indiscriminé de menaces et de violence à des fins politiques. C'est peut-être la stratégie la plus simple qu'un groupe ou une organisation impuissante ou faible qui lutte contre un établissement organisé est tenté d'utiliser. La nature de l'organisation de la plupart des groupes terroristes, leurs structures de soutien et de leurs objectifs les contraindre souvent, les forçant ainsi à fonctionner:

- dans un cercle restreint d'initiés,
- avec beaucoup de fanatisme,
- avec les mains-d'œuvre limitées qui est finement étalé,
- avec des matériaux ou des armes légers et limités,
- Et avec un objectif clairement défini pour faire tomber leurs adversaires ou leurs ennemis.

Les auteurs de la terreur avec un objectif politique clairement défini sont généralement les hommes qui sont très engagés pour une cause, mais ont peu ou sans égard pour la nature de sa réalisation. Ce sont des gens qui étendent la notion de l'expression « nécessité tragique » à l'extrême, et ce faisant cela, ils mettent leur cause en conflit avec l'humanité.

La terreur est une arme politique puissante avec des conséquences sociales qui sont profonde. Et l'effet d'entraînement d'un acte de terrorisme est imprévisible.

Comme une arme politique, la terreur peut apparaître comme l'option la plus puissante pour les partisans qui sont frustrés mais qui sont résolument engagés à une cause qui a été mis à l'écart, snobé et dénigré; ou la terreur peut sembler être l'option la plus attrayante dans la poursuite d'une cause dont les activités et les membres ont été supprimées, réprimée et décimée par ses adversaires, l'établissement ou le gouvernement. Souvent, ces partisans de la terreur se voient eux-mêmes et leurs idées comme les victimes potentielles de l'anéantissement à un moment qu'ils pensent qu'ils ne possèdent pas les moyens de résister ouvertement. Dans quelle mesure l'organisation adopte les méthodes de terreur détermine le degré de sa déshumanisation.

Terreur qui est pleinement embrassé est plus sinistre, menaçant et durable que si elle dispose d'une base à partir de laquelle recruter, de former, de se regrouper et de reconstituer.

Le caractère inacceptable de la terreur repose plus sur ses effets sociaux. Et ça peut être très vraiment considérable.

L'usage de la violence et des menaces par un mouvement contre une société libre, démocratique, libéral, progressiste et humaine pour l'intimider ou pour le contraindre, se retourne toujours contre le mouvement politique ou religieux qui utilise la terreur, car le mouvement perd n'importe quelle humanité qu'il toujours avait et perd sa raison d'être dans le processus. La société dans toutes ses strates rejette le mouvement parce que c'est entaché par la terreur, même si sa cause promet de faire progresser le bien-être du peuple. Ce fut le cas avec le groupe terroriste allemand Baadar-Meinhof, avec Les Brigades Rouges Italienne, l'Armée Rouge Japonaise et les FARC-EP de la Colombie aujourd'hui. Même le Sentier lumineux du Pérou a perdu son objet et est effondré en raison de la démocratisation et de la libéralisation du pays. Et les attaques par ETA (Euzkadi ta Askatasuna), les groupes Basque vont seulement à dénigrer les véritables griefs du peuple Basque. La liste est inépuisable.

Les actes de terreur par un groupe ou un pays contre un État étranger, surtout un état libre et démocratique, a toujours l'effet inverse d'unir et de mobiliser l'état qui est terrorisée. Ça rend l'Etat victimisé d'apprécier ses valeurs humaines autant plus, tout en lui permettant de combler les lacunes qui rendent sensibles à des actes de terrorisme. L'Armée républicaine irlandaise (IRA) a effectivement obtenu affaibli dans sa lutte contre les Britanniques en Irlande du Nord à cause de cela. Même plusieurs   Mouvements Palestiniens entachées leur cause véritable avec des actes terroristes contre l'Israël. Même le mouvement séparatiste tchétchène est en train de ruiner son cas avec les attaques contre les civils russes. L'attentat de Lockerbie, les bombardements de 1994 du Centre Juif en Argentine par des agents iraniens soupçonnés ont seulement renforcé les pays victimes. Surtout, les pays ou les groupes qui acceptent l'utilisation de la terreur, même si c'est contre la population civile du pays qu'ils sont contre, se terminent en fin en déshumanisant sa propre société. Cela est parce qu'une politique de la haine qui justifie le meurtre des non-combattants, des femmes et des enfants n'est rien d'autre que xénophobe et plein de mensonges; et ce se nourrit de l'hypocrisie, lavage de cerveau, de l'extrémisme idéologique ou fanatisme religieux, qui sont toutes les lacunes qui finira par conduire à la défaite des propagateurs du terrorisme et de la briser vers le bas des valeurs humaines progressistes dans leurs propres sociétés.

Avec une base, la terreur qui est soudainement déchaînée contre un régime ou un gouvernement impopulaire ou un gouvernement qui est oppressive, répressive, discriminatoire, individuel et élitiste a un effet paralysant initiale sur la société en ce que le acte de terreur insuffle la peur, le doute et un sentiment de vulnérabilité dans les esprits de la classe oppressive, tandis que dans le même temps, il remue le peuple en lui faisant croire que le système qu'ils sont aussi contre pourrait être vaincu définitivement.

La terreur déchaînée détruit la confiance que les gardiens du système répressif avaient avant, en particulier dans leur conviction qu'ils pouvaient sortir avec toutes leurs actions contre ceux qui s'y opposent. L'oligarchie devient soudainement chaotique dans leurs procédures, planification et de l'exécution de leurs stratégies. La nature offensive de leur règle devient défensive tout d'un coup, sans assez de préparation. L'armée et les forces de sécurité, l'administration, et les autres agences et organes qui imposaient la répression, l'oppression, la fraude, la corruption, la discrimination et la violence dans le passé deviennent momentanément immobilisées dans les phases initiales de terrorisme.

Confronté par la nouvelle réalité des terroristes frappant chaque cible possible et avec la perte constante des vies, les gardiens du système dictatorial commencent à interroger la justification de leurs politiques, le prix qu'ils sont prêts à payer pour rester au pouvoir et les chances qu'ils vont gagner leur combat contre les terroristes.

Les fantassins du régime (les agences de sécurité et les services de renseignement) qui sont les boucliers du système ou du régime mais qui ne sont pas ses bienfaiteurs; les fantassins qui tracent la plupart de leurs origines de la majorité des gens, commencent à se demander pourquoi ils ont à supporter le poids de la colère contre le système quand ils ne sont pas vraiment responsables.

- Pourquoi un citoyen patriotique comme un caporal, un inspecteur, un capitaine, un lieutenant, un colonel, un commissaire, un général ou quelqu'un patriotique qui aime vraiment son pays, qui souhaite pour la rédemption de Cameroun et qui aspire à un meilleur rôle dans la défense de sa nation, risquerait sa vie et l'avenir de ses proches en se tenant devant le feu qui est visé aux peuples du système qui sont corrompu, discriminatoire et qui sont contre la majorité défavorisée, tandis que le leadership et sa clique (l'oligarchie) continuent de nager dans l'opulence et de la sécurité?
- Pourquoi ces forces de sécurité seraient risquées leur vie pour maintenir les gens au pouvoir qui sont moralement en faillite? C'est à dire pourquoi ces gens mourraient pour un leadership ou un établissement politique qui n'apprécie pas leur valeur?

Les réponses à ces questions sont simples. Les défenseurs du système seraient combattus les terroristes jusqu'à la fin amère s'ils sont convaincus que le nouvel ordre que les organisations terroristes apporteraient avec eux serait bien pire que la réalité actuelle.

Pourtant, on ne peut pas ignorer les traumatismes

dans une société hantée par la terreur. Outre son infusion de peur et le doute dans l'établissement, et sa destruction et l'immobilisation des outils d'administration, la terreur comme une arme politique utilisée dans une société qui n'est pas libre, a l'effet puissant de la polariser. Le déchaînement de la terreur ouvre un conflit qui:

- oppose l'oligarchie répressive au groupe terroriste, laissant la majorité patriotique dans le froid dans ses demandes de démocratie, de liberté et de libéralisme.
- rend encore plus éloignés ceux qui ont et ceux qui n'ont pas.
- élargit le fossé entre les ignorants et les éclairés.
- fixe la docilité de l'ancien contre le dynamisme des jeunes dans leur quête de liberté, de démocratie, de progrès et de transparence.
- amène enfin les idéalistes contre les réalistes, les pragmatistes, les humanistes et les dogmatiques.

L'utilisation de la terreur dans une véritable cause de la liberté ou de la libération contre la domination oppressive d'un établissement politique non représentatif devient susceptible aux chantages, aux erreurs et à la déshumanisation.

Même l'utilisation limitée de la terreur quand une direction n'est pas clairement définie expose la majorité des soldats et des militants de la lutte pour la liberté, la démocratie ou la libération aux rétributions les plus cruels et inhabituels du système oppressif. Les gardiens du système répondent aux actes de terreur avec des actions ou recours de leur propre qui sont en effet le terrorisme de l'état ignobles. Inhumains dans son contenu, le système oppressif en place remporte néanmoins la sympathie de la population du pays et le monde en général. Le gouvernement oppressif suspend les droits de l'homme; le gouvernement va plus loin dans ses prétextes et réalise des arrestations préventives; le gouvernement fait les tortures ignobles, les subornation, les meurtres juridiques vastes (par des lois douteuses); et le gouvernement effectue un traitement cruel, vindicatif, discriminatoire et les punitions les plus insolites contre ceux qui les opposent, ainsi regroupant les terroristes avec les véritables défenseurs du changement qui ne sont pas dépravés dans leur cause pour la liberté, la justice, la démocratie et/ou la libération. Ayant perdu les derniers éléments de son humanisme, en faisant réagir hors de proportion avec la menace posée par les terroristes, et en ignorant la liberté réclamée par la majorité du peuple, le régime oppressif ou le système non représentatif qui est au pouvoir continue avec l'ouverte terrorisme d'Etat par une stratégie de diviser pour mieux régner. Le gouvernement fait ça en canalisant ses ressources pour remuer la violence délibérée et pour remuer les troubles internes. Dans son désespoir, l'oligarchie frappe aveuglément et par calcul à leur tour. Les personnes innocentes finissent par être touchées plus que les vrais adversaires du système par le gouvernement oppressif et les groupes terroristes, dans une situation où le les groupes terroristes se trouvant être blâmés pour tout. Ce chaos social dégénère en guerre civile avec des clans luttant contre les clans, les tribus contre les tribus, les religions contre une contre l'autre. On voit même les différentes races dérive à part, et les différentes classes de devient inconciliables.

Dans cette situation où le terrorisme contre l'Etat perd son but, le terrorisme par l'Etat prévaut et sape la majorité des opprimés et des épris de liberté de quelque peu d'énergie qu'ils pourraient encore avoir en eux. Par ce moyen les peuples sont obligés à se contenter avec n'importe quoi quel ordre que l'oligarchie peut restaurer. Dans ce cas, l'échec du groupe terroriste renforce la dictature au pouvoir, permettant au système de durer plus longtemps, même si l'oligarchie a effectivement financé son terrorisme d'état en utilisant le trésor public ou les réseaux de l'Etat, aussi bien que la sueur des citoyens.

Une évaluation franche serait toutefois révélée que, malgré la tentation de glorifier la terreur par des groupes ou des personnes qui se sentent acculés, le fait que le spectre des erreurs ou des accidents malheureux sont très susceptibles d'arriver, élimine toute logique ou enlève l'efficacité de la terreur en tant qu'un outil pour réaliser le changement qui va améliorer le bien-être des gens. C'est parce que ces questions éternelles face à l'utilisation de la terreur doivent être résolues par tout groupe qui utilise ou envisage de l'utiliser comme une tactique ou pire comme une stratégie:

- Où et qui devraient être les cibles de la terreur censée mortifier?
- Quel est le but ou l'objectif de l'acte de terreur?

Un exposant du changement qui se convainc que l'utilisation de la terreur est tragique mais nécessaire dans une situation perpétrée par le système ou gouvernement oppressif qui prive la grande majorité des citoyens de leur droit, risque de corrompre son âme dans le processus, surtout si son action devient hors de contrôle. Même la vue par certains que l'utilisation de la terreur ne doit chercher à attirer l'attention sur la véritable cause de l'inouï et négligé, est fondamentalement défectueux parce que l'utilisation de la terreur souvent finissent toujours comme un boomerang.

Une cause réelle et populaire qui est entachée de terreur, qui est mal organisée, qui est mal ciblée et qui n'est pas clairement définie; celui qui frappe l'établissement et provoque des pertes de vies (de victimes civiles), particulièrement chez parmi les enfants, les femmes et les personnes âgées, rend lui-même susceptible de chantage, d'autant plus que ça laisse la porte ouverte aux attentats sous faux drapeau.

L'utilisation de la terreur comme une règle générale

par de véritables représentants du changement est inacceptable. Ça soumet le mouvement à la défaite, surtout si ça devient une arme de n'importe quelle durée.

Alors qu'un mouvement politique pourrait être pardonné pour utiliser la terreur contre l'armée ou de l'établissement comme une étincelle ou le cri qui va immobiliser le système et déclencher l'avalanche, l'effet de terreur est corrosif contre tout le monde et tout ce que ça touche. Et toute la durée de son utilisation serait aveugler la profondeur du vrai essentiel du mouvement, en privant le mouvement de l'humanité incarnée dans toutes les luttes qui sont pour la liberté, la libération, la démocratie, la prospérité et l'harmonie humaine. En conséquence ça serait ouvrir les rangs du mouvement au chantage et dénigrement. Le plus morale des hommes, le plus sain des mouvements de libération, les plus dévoués des révolutionnaires, et même les gens les plus humains de tous les horizons finissent par perdre leurs buts; s'ils ne tiennent pas compte de l'influence corruptrice de la terreur, même dans son utilisation à court terme, et surtout quand s'ils pensent de l'utilisation de la terreur comme la règle ou une arme de survie, même contre un établissement inhumain. En utilisant la terreur, les terroristes dans les mouvements politiques (ceux qui n'ont aucun scrupule à utiliser la terreur comme un outil) finissent par trahir les espoirs et les aspirations des masses même si la terreur a été invoquée pour protéger les intérêts du peuple.

La terreur clairement ciblée, délibérée et organisée dans les activités de l'ANC (CNA—Congrès National Africain, le principal parti politique Sud-Africain et une organisation nationaliste noire qui, de 1960 à 1990, était interdit par le gouvernement d'apartheid d'Afrique du Sud. Le CNA a remporté les premières élections démocratiques du pays en 1994 et son chef, Nelson Mandela, est devenu le président de l'Afrique du Sud), de la SWAPO(OPSOA—Organisation du Peuple du Sud-Ouest Africain. Un ancien mouvement indépendantiste en Namibie contre le contrôle du gouvernement d'apartheid de l'Afrique du Sud, jusqu'en 1990, lorsque la Namibie est devenue indépendante. L'OPSOA est au pouvoir depuis 1990), de la ZANU-ZAPU (Union Nationale Africaine du Zimbabwe & Union des Peuples Africains du Zimbabwe—deux organisations militantes et partis politiques qui ont fait campagne pour un gouvernement majoritaire en Rhodésie, depuis sa fondation sous la minorité blanche en 1961 jusqu'en 1980. C'était après la fin du contrôle colonial Britannique en 1961. La ZANU a gouverné le Zimbabwe depuis 1980) et du FRELIMO (Front de Libération du Mozambique—qui a débuté en 1962 en tant que mouvement nationaliste luttant pour l'indépendance de la province portugaise d'outre-mer du Mozambique jusqu'à l'indépendance en juin 1975, est au pouvoir depuis cette année) ont poussé les établissements d'Afrique du Sud, de Namibie, de Rhodésie du Sud et du Mozambique à entamer des dialogue qui ont permis à ces mouvements de libération de gagner le pouvoir démocratiquement dans ces pays. Le Front Islamique du Salut de l'Algérie a perdu son essence à cause de son adoption aveugle de la terreur. Le Communisme qui a été considéré par certains experts comme l'idéologie la plus humaine dans le plaidoyer en faveur des populations économiquement et socialement défavorisées de ce monde a perdu son humanité en tant que force politique en raison de son embrassement initial de la terreur. L'utilisation à court terme par Lénine de la terreur rouge pendant la guerre civile russe qui a suivi la révolution communiste a été démesurée lorsque Staline en a fait une règle du système soviétique et en conséquence, un héritage qui hante aujourd'hui l'idéologie communiste. Les exemples de retombées de l'usage de la terreur sont inépuisables. C'est pourquoi les mouvements qui essaient de faire progresser l'humanité devraient devenir autocritiques lorsque leurs dirigeants commencent à flirter avec l'usage de la terreur.

Chapitre Deux

Dans le cas du Cameroun, le fait que le prix soit si élevé pour déloger chirurgicalement le système anachronique imposé par la France ne signifie pas que l'utilisation efficace de la terreur contre l'establishment politique qui la gère est la seule option qui reste. Alors que l'utilisation de la terreur peut sembler attrayante pour certains opposants au régime de Biya qui conduit le Cameroun à l'abîme, les partisans du changement devraient garder à l'esprit le fait que même l'utilisation la plus efficace de la terreur contre les gardiens du système dénigrerait les objectifs de la Lutte Kamerunais centenaire et let rendent plus difficile la réalisation du «CAMEROUN NOUVEAU».

C'est vrai qu'une utilisation efficace de la terreur contre ceux de l'oligarchie qui ont du sang dans leurs mains, va mortifier le système. C'est vrai que cela ouvrirait un débat public et aiderait à identifier clairement les camps. Et c'est vrai que cela indiquerait le sérieux des forces qui militent en faveur d'un Cameroun qui est unique et qui peut avoir un siège prestigieux parmi la communauté des nations libres, progressistes et civilisatrices. Mais même ainsi, tout degré d'acceptation et d'utilisation de la terreur déchirerait la société camerounaise et la déshumaniserait dans la mesure où son âme pourrait même devenir plus corrompue qu'en ce moment.

Ce n'est pas facile de rejeter certains partisans du changement qui s'opposent à l'usage de la terreur, qui reconnaissent le fait que son utilisation forcerait le système à prendre au sérieux les masses opprimées et à faire comprendre à l'establishment politique que leurs opposants peuvent créer un cauchemar perpétuel, s'ils font de la terreur la règle dans leur lutte. Même ainsi, les vrais partisans du changement ne devraient jamais envisager l'utilisation de la terreur dans leur quête pour fonder le «Nouveau Cameroun» qui soit libre, démocratique, uni, libéral, progressiste, prospère et pluraliste.

La guerre de réunification et d'indépendance que l'UPC (Union des populations du Cameroun) a été traîné dans, à la suite de son interdiction et sa suppression par l'administration Française de la Tutelle au Cameroun en 1955, est un cas classique. L'usage limité de la terreur par le mouvement de libération populaire contre les forces françaises et les forces d'Ahmadou Ahidjo, la marionnette Français que la France a installée en 1960 comme le président du Cameroun—qui massacrait la population camerounaise—, ainsi que ceux que l'UPC considérait comme des traîtres, était effectivement renversé pour donner au mouvement une mauvaise réputation comme un groupe terroriste de sang-soif. Grâce au terrorisme d'État, l'UPC a été dénigrée, réprimée, écrasée et la plupart de ses dirigeants ont été tués, emprisonnés ou exilés par l'alliance Franco-Ahidjo. La campagne de diabolisation contre l'UPC est allée de pair avec le chantage du mouvement, en l'encadrant et en stigmatisant en même temps la base de soutien de l'UPC. C'était si efficace que les populations Bamiléké et Bassa, fortement victimisées, sont toujours la cible de stéréotypes élaborés par Jacques Foccart, l'architecte du contrôle Français en Afrique, qui a efficacement présenté la guerre de libération menée par l'UPC dans les années 1960 comme une révolte ethnique post-1960 par les populations Bamiléké et Bassa, faisant ainsi faussement de l'ethnie la plus nombreuse et la plus nationaliste du pays un ennemi national du reste du peuple camerounais, un stigmate qui hante encore aujourd'hui le pays. Certaines personnes comme Jean Forchive, etc. sont devenus importants dans le système non représentatif imposé par la France en raison de leur utilisation réussie du terrorisme d'État contre l'UPC.

Il y a une forte faction dans le régime actuel de Biya qui envisage la survie éternelle du système grâce à l'utilisation prudente du terrorisme d'Etat contre la majorité patriotique qui est autorisée à utiliser sa voix, mais pas ses mains et ses pieds, dans un simulacre de procès qui permet une politique multipartite au Cameroun mais qui empêche la démocratie de s'enraciner en privant le peuple du droit de choisir à travers des élections bidons qui tournent en dérision la démocratie et la liberté de choix.

En résumé, une organisation qui utilise la terreur contre un établissement, que ce soit son pays d'origine ou un pays étranger, risque de se teinter pour toujours, de corrompre son essence et de plonger la société dans un processus de déshumanisation qui peut prendre des décennies ou même des générations pour surmonter.

Janvier Tchouteu   *Novembre 08, 1997*

Glossaire

Adamaoua	La province (région) la plus méridionale qui a été taillé dans l'ancienne province (région) du Grand Nord. C'est une région de plateau.
Akonolinga	Une ville dans la province (région) du Centre. C'est également la capitale de la Nyong et Nfomou.
Akum	Un Peuplement Ngemba 9 miles de Bamenda sur la route Bafoussam-Bamenda. Il est aussi un royaume Ngemba traditionnel et le dialecte des gens là-bas.
Ambam	Une ville dans la province (région) du Sud. C'est le capital de subdivision du département de Ntem.
Ashia	Mot utilisé par les Camerounais à exprimer la sympathie, la condoléance, la consolation,

l'encouragement, la compassion, l'harmonie, la compréhension, l'accord, la reconnaissance et la prudence.

Bafang	La capitale du département de Haut-Nkam et un royaume Bamiléké dans la province (région) de l'Ouest.
Bafaw	Le principal groupe ethnique dans la région qui comprend la municipalité de Kumba. Il fait partie du groupe bantou plus.
Bafedja	Un Peuplement et Un royaume Bamiléké dans le département de Nde ou le département de Banganté, la province (région) de l'Ouest.
Bafoussam	La capitale de la province (région) de l'Ouest et du département de Mifi. Aussi un royaume traditionnel Bamiléké.
Bafut	Un Peuplement et royaume Ngemba traditionnel à environ de 18 miles de Bamenda dans la province (région) du Nord-Ouest.

Bakweri   Le principal groupe ethnique du département de Fako, qui est situé dans la province (région) du Sud-ouest. Les Bakweriens sont des Bantous du sous-groupe Sawabantu.

Balengou   Un Peuplement Bamiléké et royaume du département de Nde, province (région) de l'Ouest.

Bali   Un Peuplement Chamba et royaume à environ de 18 miles au nord de Bamenda, dans la province (région) du Nord-Ouest.

Bamena   Un Peuplement Bamiléké et royaume du département de Nde, province (région) de l'Ouest.

Bambili   Un Peuplement et royaume Ngemba environ 9 miles au nord de Bamenda dans la province (région) du Nord-Ouest.

Bambui   Un Peuplement Ngemba et royaume à environ 6 miles au nord de Bamenda dans la province (région) du Nord-Ouest.

Bamenda   La capitale de la province (région)

du Nord-Ouest et du département de Mezam.

Bamendjou — Un Peuplement Bamiléké et royaume du département de la Mifi, province (région) de l'Ouest.

Bami (Bamiléké) — Diminutif de Bamiléké.

Bamiléké (Bami) — L'ethnicité semi-bantou le plus peuplé et le principal groupe ethnique au Cameroun. Il est aussi leur langue maternelle.

Bamilekéland (Terre Bamiléké autrement appelé Pays Bamiléké) — La moitié ouest de la province (région) de l'Ouest, avec des franges dans les provinces (région)s du Nord-Ouest et du Sud-ouest. Il comprend cinq divisions administratives, environ quatre-vingt-dix royaumes traditionnels, et onze groupements dialectiques.

Bamoun — Une ethnie semi-Bantous et l'un des groupes principaux ethniques au Cameroun. Aussi leur langue maternelle.

Bamounland (Terre Bamoun — La moitié est de la province (région) de l'Ouest.

autrement appelé Pays
Bamoun)

Bandekop	Un Peuplement Bamiléké et royaume dans la Mifi Division, province (région) de l'Ouest.
Banganté	Le plus grand royaume Bamiléké, la capitale du département de Nde, son ancien nom. Trouvé dans la province (région) de l'Ouest.
Bangou	Un Peuplement Bamiléké et royaume du département de Haut-Nkam, province (région) de l'Ouest.
Bangoua	Un Peuplement Bamiléké et royaume du département de Nde, province (région) de l'Ouest.
Bangoulap	Un Peuplement Bamiléké et royaume du département de Nde, province (région) de l'Ouest.
Bantu	Un grand groupe de peuples négroïdes d'Afrique centrale, d'Afrique du Sud et Afrique de l'Est qui habite les forêts du Sud-ouest, du Littoral, du Centre, du Sud et dans les provinces (région)s de l'Est du Cameroun. Ils sont aussi le

plus grand constituant de la race Négroïde ou Noir.

Bassa

Le principal groupe ethnique dans la province (région) du Littoral. Ils sont les Bantous. On trouve également dans la province (région) du Centre du Cameroun.

Batoufam

Un royaume Bamiléké dans le département de Mifi, province (région) de l'Ouest.

Bawok (Bahouok, Bahouoc)

Un royaume Bamiléké parlant les dialectes Medumba, dans les provinces (régions) de l'Ouest et du Nord-Ouest. Les principaux sont les suivants:

- Bawok-Banganté ou Banganté-Bawok est un royaume traditionnel Bamiléké trouve dans la subdivision de Banganté, Division Nde. Une grande partie du royaume est situé dans la ville de Banganté. Après une série de conflits au début du XXe siècle, elle a perdu la majeure partie de son territoire aux royaume

Bamiléké environnants, avec ses sujets qui migrent vers d' autres régions du Cameroun et même fonder de nouveaux royaumes.

- Bawok-Bali ou Bali-Bawok: Emanation du royaume de mère de Bawok-Banganté, fondée en 1907 avec l'aide de royaume amical de Bali-Nyonga. C'est une enclave dans le peuplement de Bali (*Fondom* ou royaume)

Bayangam
Un Peuplement Bamiléké et royaume du département de la Mifi, province (région) de l'Ouest.

Bazou
Un royaume Bamiléké dans le département de Nde, province (région) de l'Ouest.

Beti
Diminutif de Beti-Pahuin. C'est également une subdivision du groupe Beti-Pahuin des langues et se décompose plus loin dans Ewondo, Eton, Bane, Mbida-Mbane et Mvog-Nyenge.

Beti-Pahuin
Diminué ou raccourci à Beti, ce

groupe de peuples apparentés constitue le troisième principal groupe ethnique au Cameroun. La patrie ethnique du peuple Beti-Pahuin est dans les provinces (région)s du Centre et du Sud, avec des franges et des enclaves dans la province (région) de l'Est. Ils sont de langue Bantoue et comprennent les éléments suivants:

- Beti (Ewondo, Bane, Mbida-Mbane, Mvog-Nyenge et Eton),
- Fang (Fang bonne, Ntumu, Mvae et Okak)
- Bulu (Bulu, Fong, Mvele, Zaman, Yebekanga, Yengono, Yembama, Yelinda, Yesum et Yekebolo).

Les petites tribus ou groupes ethniques Pahuinised par le Beti-Pahuins tels que les Baka, Bamvele, Manguissa, Yekaba, Evuzok, Batchanga (Tsinga), Omvang, peuples Yetude.

Les Beti-Pahuin sont également indigènes en Guinée équatoriale, le Gabon et la République du Congo.

Betiland (Terre Beti autrement appelé Pays

Les régions parlant Beti-Pahuin du Cameroun (étend de la moitié sud de

Beti)	la province (région) du Centre, aux parties centrale et orientale de la province (région) du Sud et se prolonger en marge dans la province (région) orientale), Guinée équatoriale (Rio Muni), le Gabon (la moitié nord), la République du Congo (nord-ouest) et São Tomé et Príncipe.
Biafra	L'état de courte durée Ibo dominé qui a fait sécession du Nigeria au cours de la guerre 1966-1970 civile nigériane.
Bota	Une banlieue de Limbe, Fako, Province (région) du Sud - Ouest.
Cameroun Britannique	Le tiers occidental de l'ancien Kamerun Allemand qui est tombé sous le contrôle Britannique après la partition de la colonie Allemande. Ce comprenait Cameroun Britanniques du Nord (Cameroun Septentrional Britannique) et Cameroun Britanniques du Sud.
Boumnyebel	Un village Bassa dans le département de Nyong et Kelle, province (région) du Centre.
Buéa	La capitale ville de la province (région) du Sud-ouest et ancienne

capitale du Kamerun Allemand.

Bulu

L'un des peuples du groupe ethnique Beti-Fang avec une patrie dans la province (région) du Sud.

Cameroun Britannique du Nord (Cameroun Septentrional Britannique)

Le Nord de la moitié de Cameroun Britanniques qui a voté pour unir avec le Nigeria en 1961, après le plébiscite controversé des Nations Unies sur le territoire.

Cameroun Britannique du Sud (Cameroun Méridional Britannique)

Le sud de la moitié de Cameroun Britanniques. Fait partie de la Fédération de Cameroun en 1961 pour donner suite à un référendum qui a abouti à sa réunification avec l'ancien Cameroun Français. Il comprend les province (région)s du Nord-Ouest et du Sud-ouest du Cameroun.

Cameroun Français

Les deux tiers de l'ancien Kamerun Allemand qui est tombé sous le contrôle des Français après la partition de la colonie Allemande par la Grande-Bretagne et la France . Il est devenu un territoire Français sous mandat de la Société des Nations et un territoire de confiance plus tard sous

	l'Organisation des Nations Unies 1918-1960.
Pidgin Camerounais	Aussi appelé créole Camerounais ou Kamtok, il est le pidgin Anglais parlé au Cameron. Il y a cinq variantes.
CENER	(*Centre National des Etudes et de Recherche*)—Acronym du service de renseignement secret du Cameroun qui a été modifié en 1984 à *Direction Générale de la Recherche Extérieures* (DGRE) Directrice générale Direction de la recherche externe.
Province (Région) du Centre	Province (région) centrale du Cameroun. C'est constitué de Huit Départements.
CNU (Cameroon National Union) ou (Union Nationale du Cameroun) UNC	Parti formé en 1966 de la fusion des partis politiques opérant au Cameroun. Il a été dirigé par le premier président Camerounais Ahmadou Ahidjo.
CPDM (Cameroon People's Democratic Movement) ou RDPC (Rassemblement démocratique du	Le CNU (UNC) rebaptisé en 1985.

Peuple Camerounais)

CU (Cameroonian Union) ou (L'Union Camerounaise)	Parti formé par Ahmadou Ahidjo.
Douala	La plus grande ville, la capitale économique du Cameroun et la capitale du département de Wouri et de la province (région) du Littoral.
Duala	Un peuple Bantou du sous-groupe Sawabantu, ils sont le principal groupe ethnique du département de Wouri et de la ville de Douala.
Cameroun de l'Est	L'unité fédérale de langue Française du Cameroun 1961-72. Il a été formé à partir de l'ancien Cameroun Français.
Est—Province (région)	La moitié sud-est du Cameroun. La province (région) de l'Est a quatre divisions avec Bertoua comme capitale.
Eton	L'un des peuples du groupe ethnique Beti-Fang. Ils sont trouvés dans la province (région) du Centre.
Ewondo	L'un des peuples du groupe Beti-Fang. Ils sont trouvés dans la province

(région) du Centre du Cameroun.

L'Extrême-Nord   Une province (région) dans l'extrême nord du Cameroun. Ce comprend six divisions.

Forces Françaises Libres   Ils étaient des combattants Français et Francophones qui ont continué la lutte contre l'axe puissances de l'Allemagne, l'Italie et le Japon, même après la France capitule et a signé un accord d'armistice avec l'Allemagne Nazie en juin 1940. Il a été formé par le général Charles De Gaulle, qui était un membre du cabinet Français en visite officielle en Grande-Bretagne au moment de la cession. Général Charles De Gaulle a opposé fermement le capitulation Française et l'armistice signé par le nouveau régime dirigé par le maréchal Pétain qui a créé le régime de Vichy dans le sud de la France , permettant ainsi au nord du pays sous occupation Allemande. Il a appelé la résistance contre le contrôle Allemand de la France et de ses marionnettes collaborationnistes de Vichy. Le mouvement a attiré des recrues principalement de l'empire Français, en particulier de l'Afrique centrale Française, dont le Cameroun Français était la base à l'époque, sous le nouveau gouverneur de Jacques Philippe LeClerc. Philippe LeClerc a mené la première grande victoire de Forces Françaises Libres dans la guerre avec la capture en 1941 de Koufra, une ville dans la colonie Italienne de la Libye. Il a incorporé les forces de l'ancien régime de Vichy dans les colonies de 1943 et a vu ses rangs gonflés par des Français après le Débarquement du Jour (Débarquement de Normandie). Les Forces Françaises libres ont atteint leur plus grande gloire avec la libération de Paris en août 1944, dirigé par la 2e division blindée Française, car il avait le plus petit nombre de Noirs dans ses rangs. À la fin de la guerre, le mouvement Libre Français constituait la quatrième force militaire en Europe, la lutte contre les puissances de l'Axe. Les partis politiques de droite en France ont été dominées par ses membres et l'idéologie de son fondateur appelé gaullisme.

Fulfulde (Peul, Pulaar,   Une langue Séné-Gambienne parlée

Pular)	par les Peuls.
Peul (Peul, Fellata ou Peul)	Un peuple mélangé de négro-touareg peuplant la savane du Soudan à Séné-Gambie, ils comprennent trois groupes à savoir:

1. Les Mbororo, Bororo, Burure ou Abore qui sont des pasteurs.

2. Le Fulanin Gida, Ndoowi'en ou Magida, qui sont totalement sédentaires.

3. Les Peuls semi-sédentaires qui sont en fin de compte agronome et reprennent le pastoralisme, mais souvent forment des communautés permanentes.

Les Foulanis, Peuls ou Peuls sont le deuxième groupe ethnique le plus peuplé au Cameroun. Ils sont trouvés principalement dans les provinces (région)s du nord de l'Adamaoua, du Nord et de l'Extrême-Nord. Leur langue est la lingua franca de cette partie du Cameroun.

Foumbam	La capitale du département de Noun et de Bamounland. C'est trouvé dans la

province (région) de l' Ouest.

Foumbot

Une colonie agricole dans le département de Noun.

Cameroun Français

Les deux tiers de l'ancien Kamerun Allemand qui est tombé sous le contrôle des Français après la partition de la colonie Allemande par la Grande-Bretagne et la France . Il est devenu un territoire Français sous mandat de la Société des Nations et un territoire de confiance plus tard sous l'Organisation des Nations Unies 1918-1960.

FSD (Front Social-Démocrate) ou *SDF (Social Democratic Front)*

Le parti politique connu comme le leader d'opposition au Cameroun. Le FSD est dirigé depuis sa création le 26 mai 1990 par John Fru Ndi.

Garoua

La capitale de la province (région) du Nord et du département de la Bénoué.

Graffi

Mot pidgin d'origine Allemand pour un champ d'herbe. Un nom souvent appliqué collectivement aux peuples semi-Bantous des province (région)s du Nord-Ouest et de l'Ouest du

Cameroun.

Graffiland (Terre Graffi)	Le mot Camerounais pour les Hauts Plateaux de L'Ouest, ou les Bamenda Grassfields—le région des prairies montagneuses des province (région)s du Nord-Ouest et de l'Ouest du Cameroun. Il comprend la terre Bamiléké (Bamilekéland) et la terre Bamoun (Bamounland) dans le sud et le la terre Ngemba ou Pays Ngemba(Ngembaland), la terre Chamba ou Pays Chamba (Chambaland) et la terre Tikar (Tikarland) dans le nord.
Ibo	L'un des quatre groupes principaux ethniques du Nigeria. Ils sont trouvés dans le sud-est.
Idenau	Une ville dans la région de Fako, province (région) du Sud-ouest.
Kamveu	Conseil local des notables entre les différents royaumes bamiléké.
Koufra (Kufra)	Un Peuplement important de l'Oasis mais isolé dans le sud-est du désert libyen qui était d'une importance

stratégique pour la campagne d'Afrique du Nord pendant la Seconde Guerre mondiale. Sa capture des Italiens par les Forces Françaises Libres a marqué la première grande bataille remportée par la France dans la guerre, renforçant ainsi le prestige du général Charles De Gaulle et le moral des forces anti-Vichy qui étaient démoralisés.

Koutaba

Un Peuplement dans le Bamounland, le département de Noun, et le province (région) de l'Ouest. Aussi une base aérienne importante et une base de l'armée au Cameroun.

Kumba

La plus grande ville de la province (région) du Sud-ouest et la capitale du département de Mémé. C'est situé à environ de 70 miles au nord de Limbe.

KNDP (Kamerun National Democratic Party) ou PNDK (Parti National et Démocratique du Kamerun)

Un parti politique des nationaliste-civiques dans le Cameroun Britannique. Il a mené la campagne qui a réalisé la réunification du Cameroun du Sud Britannique avec l'ancien Cameroun Français.

Limbe

L'ancien Victoria. C'est la capitale de la région de Fako dans la province (région) du Sud-ouest.

Littoral—Province (région)

Le province (région) côtière du Cameroun. Il se compose de quatre divisions.

Loum

Une ville agricole dans le département de Moungo, dans le nord de la province (région) du Littoral.

Maguida (Magida)

Nom utilisé par erreur pour les peuples musulmans du Nord du Cameroun qui a pris naissance du troisième groupe de Peuls—le Fulanin Gida, comprenant les communautés peules pleinement sédentaires.

Mamfe

La capitale du département de Manyu dans la province (région) du Sud - Ouest.

Manjibo

Un village Bamoun dans le département de Noun.

Mankon

Mankon est un royaume Ngemba et une partie de la ville de Bamenda, dans le département de Mezam, la province (région) de Nord-Ouest .

Maroua	La capitale de la Province (région) d' Extrême Nord, et aussi la capitale du département de Diamaré.
Mayo Tsanaga	Un département dans la province (région) de l'Extrême-Nord du Cameroun.
Mayo Tsava	Un département dans la province (région) de l'Extrême-Nord du Cameroun.
Mbengwi	La capitale du département de Momo dans la province (région) du Nord-Ouest.
Mboh	Un peuple Bantou de la Moungo-dans la province (région) du Littoral, avec des franges de leur pays d'origine dans le sud-ouest et province (région)s de l'Ouest.
Mokolo	Capitale du département de Mayo Tsanaga.
Molyko	Une banlieue de Buéa dans la province (région) du Sud-ouest.
Mora	La capitale du département de Mayo

Tsava Division.

Mutengene

Une ville de jonction à Limbé, Buéa et Tiko, dans le département de Fako, province (région) du Sud-ouest.

Nde

Autrefois appelé le département de Banganté. Il se trouve dans la province (région) de l'Ouest.

Ngaoundéré

Capitale du département de Vina et de la province (région) de l'Adamaoua.

Ngemba

Un peuple du groupe semi-bantou. Les peuples Ngemba se trouvent dans la moitié nord du Prairie du Cameroun (les Hauts Plateaux de l'Ouest), principalement dans les départements de Mezam et de la province (région) Momo du Nord-Ouest. Les personnes Ngemba dialectes.

Ngembaland

La partie sud-ouest de la province (région) du Nord-Ouest qui se compose de plusieurs royaumes traditionnels ou fondoms parlant des dialectes étroitement liés.

Nkongsamba

La capitale de la Moungo du Cameroun. C'est également la plus grande ville de la région.

Nkwen	Un royaume Ngemba traditionnel et une partie de la ville de Bamenda.
Nord—Province (région)	Central des province (région)s du Grand Nord. Il comprend quatre divisions.
Nord-Ouest Province (région)	Une province (région) de l'ancienne unité fédérale du Cameroun occidental et l'ancien territoire du Cameroun Méridional Britannique. Peuplée par des groupes semi-Bantous de haut-parleurs Tikar, Ngemba et Chamba. Leurs compatriotes de la province (région) du Sud-ouest appellent collectivement les "Graffis".
Nzui-Mantor	Le mot Banganté-Bamiléké pour la panthère ou léopard.
OK *(One Cameroon)* — Kamerun Est Un	Emanation de l'UPC après qu'il a été également interdite dans Cameroons Britannique.
Ouest—Province (région)	La moitié sud des Hauts Plateaux occidentales du Cameroun. Elle est peuplée par les peuples bamiléké et Bamoun. C'est également centre

culturel et agricole du Cameroun, et se souvient de son rôle historique en tant que centre du nationalisme du pays et la lutte de libération contre l'armée Française dans le pays. Il comprend les six divisions de Bamboutous, Menoua, Mifi, Nde, Noun et du Haut-Nkam.

Peul

Un terme Français pour Peuls emprunté à la langue Wolof.

Pidgin Camerounais

Aussi appelé créole Camerounais ou Kamtok, il est le pidgin Anglais parlé au Cameron. Il y a cinq variantes.

RDPC (Rassemblement Démocratique du Peuple Camerounais), appelé *CPDM (Cameroon People's Democratic Movement)* en Anglais

C'est le parti au pouvoir dans le Cameroun. Son ancien nom (1966-1985) était l'Union Nationale Camerounaise (UNC), formé en 1966 par la fusion des partis politiques au Cameroun. Avant cela, il s'appelait l'UC (Union Camerounaise), l'ancien parti politique fondé par Ahmadou Ahidjo, l'ancien président de la République du Cameroun. Le RDPC/UNC/UC a été le parti au pouvoir depuis le soi-disant 'indépendance du Cameroun en 1960. Paul Biya est le président du parti.

SDF (Social Democratic Front) ou FSD (Front Social-Démocrate)	Le parti politique connu comme le leader d'opposition au Cameroun. Le FSD est dirigé depuis sa création le 26 mai 1990 par Ni John Fru Ndi.
Semi-Bantous	Les peuples uniques et non apparentés en Afrique, comprenant les peuples Bamiléké, Bamoun, Tikar, Ngemba et Chamba.
Sokolo	Une banlieue de Limbe, Province (région) du Sud-ouest.
Sud—Province (région)	Une province (région) côtière du sud du Cameroun. Il comprend les trois départements de Ntem, Océan, et Dja et Lobo.
Sud-ouest— province (région)	Une province (région) côtière du Cameroun situe dans le sud-ouest du pays. Il dispose de quatre départements. Autrefois une partie de Cameroun du Sud Britannique et l'unité fédérale du Cameroun Ouest.
Tcholliré	La capitale du département de Rey Bouba dans la province (région) du Nord.

Tiko	Une ville côtière dans le département de Fako dans la province (région) du Sud-ouest.
Tonga	Un Peuplement Bamiléké et royaume du département de Nde, le province (région) de l'Ouest.
Touareg	Un peuple Berbérophone du groupe Amazigh vivant dans le Sahara central du sud de l'Algérie et la Libye, Tripolitaine au milieu Niger et les frontières du nord du Nigeria. Ils se sont déplacés à l'intérieur du désert du Sahara pour échapper à l'invasion Arabe de l'Afrique du Nord au 7ème et 8ème siècle.
UDC (Union Démocratique du Cameroun) ou CDU (Cameroon Democratic Union) en Anglais	Un parti politique au Cameroun fondé par Adamou Ndam Njoya, ancien ministre du régime Ahmadou Ahidjo.
UNC (Union Nationale du Cameroun) ou CNU (Cameroon National Union)	Parti formé en 1966 de la fusion des partis politiques opérant au Cameroun. Il a été dirigé par le premier président Camerounais Ahmadou Ahidjo.

UNDP (Union Nationale pour la Démocratie et le Progrès) ou *National Union for Democracy and Progress (NUDP)* en Anglais

Un parti politique au Cameroun fondé par Samuel Eboua, ancien ministre du régime Ahmadou Ahidjo. Bello Bouba Maigari, ancien Premier Ministre du régime de Biya, a usurpé la direction du parti et en a été le président depuis 1982.

UPC (Union des Populations du Cameroun)

Première partie nationale et nationaliste au Cameroun. L'UPC historique a été formé en 1948. Banni en 1955, elle a eu recours à une lutte armée qui a continué jusqu'aux années 1960.

Victoria

L'ancien nom de Limbe, une ville qui été fondée en 1857 par des missionnaires pour comme une colonie des esclaves secourus ou libérés.

Wolowose

Un mot Camerounais pour une pute.

Wum

La capitale du département de Menchum dans la province (région) du Nord-Ouest.

Yaoundé

Deuxième plus grande ville du Cameroun et la capitale nationale. De plus la capitale de la province (région) du Centre et du département de

Nfoundi.

LES CARTES

Le Cameroun sur une carte du monde

Le Cameroun sur une Carte de l'Afrique

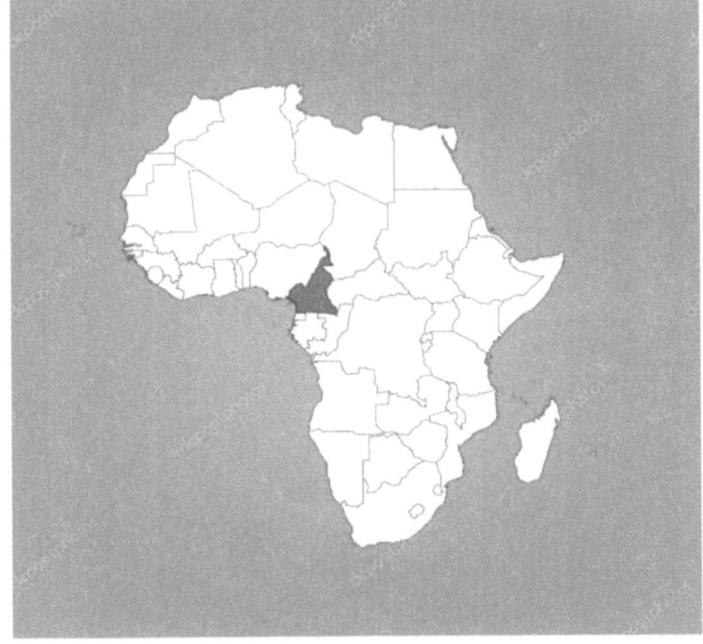

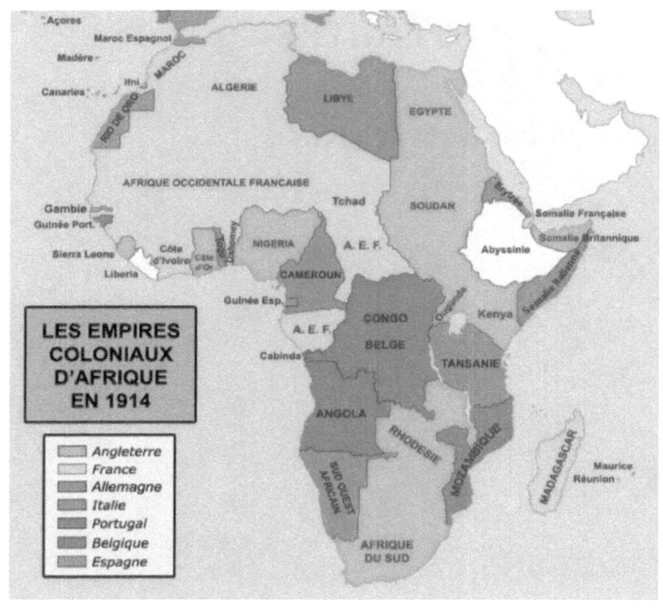

Les Pays D'Afrique

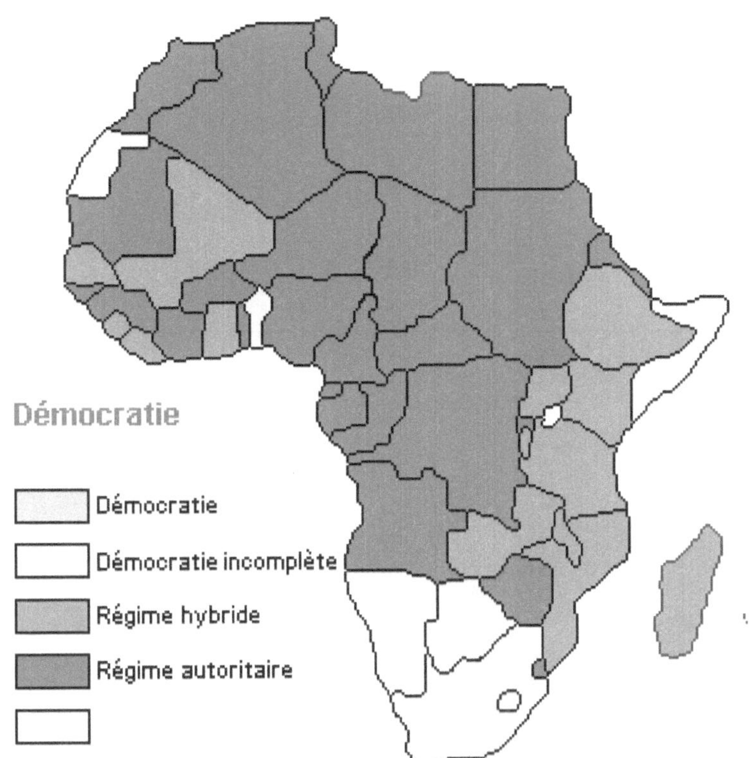
Démocratie
Démocratie
Démocratie incomplète
Régime hybride
Régime autoritaire

La Carte Historique du Cameroun

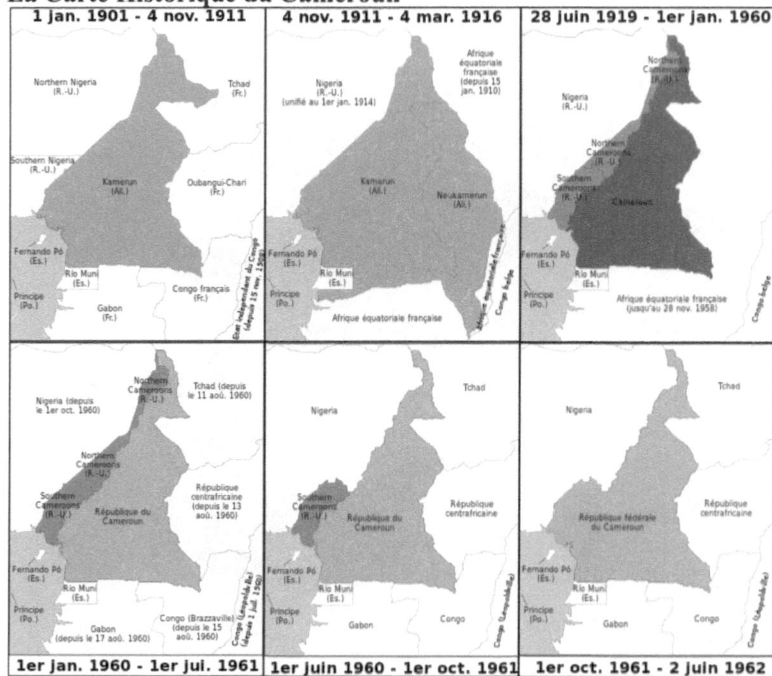

1. Cameroun Allemand (1884-1911)
2. Cameroun Allemand (1911-1916)
3. Cameroun Britannique & Cameroun Français: 1916-1960
4. Cameroun Britannique & La République du Cameroun (1960-61)
5. Southern Cameroons Britannique & La République du Cameroun (1960-61)
6. Réunifie—La République Fédérale du Cameroun (1961-1972)